이야기와 대화식으로 쉽게 배우는

새가족 성경양육

KB214609

바이블하우스

이대희 ⚘

저자 이대희 Lee Dae Hee 목사는 지난 20여 년 동안 성서사람 · 성서교회 · 성서한국 · 성서나라의 모토를 가지고 한국적 성경교육 실천사역을 위한 집필과 교육, 세미나와 강의를 하고 있다. 한국적 바이블칼리지 엔크리스토성경대학을 세워 학부모와 교사, 신학생과 목회자를 말씀으로 세우는 사역을 계속해오고 있다. 현재 바이블미션 대표와 꿈을주는교회 담임목사로 사역하고 있다. 또한 장로회신학대학교 신학대학원(M.Div)과 연세대학교 연합신학대학원(Th.M)을 졸업하고, 에스라성경대학원대학교 성경학박사(D.Litt) 과정을 마친 그는, 예장총회교육자원부 연구원과 서울장신대 교수와 겸임교수를 역임했다. 극동방송에서 〈알기 쉬운 성경공부〉 및 〈기독교 이해〉 등 다양한 생활프로그램을 진행한 저자는 현재 극동방송 〈리빙 크리스천〉을 진행하고 있다. 저서로는 《내 인생을 바꾼 31일 성경통독》, 《내 인생을 바꾼 31일 기도습관》, 《누구나 쉽게 배우는 쉬운 기도》, 《자녀축복 침상기도문》, 《한국인을 위한 유대인공부법》 등 다양한 실천지침서와 《30분 성경공부》 시리즈, 《비전과 진로》 등 '아름다운 십대 성경공부' 시리즈, 《열매를 맺어라》 등 '딩딩바이블 청소년 양육' 시리즈, 《이야기대화식 성경연구》, 《맛있는 성경공부》 등 200여 권의 성경공부 교재가 있다.

이야기와 대화식으로 쉽게 배우는

새가족 성경양육

초판 1쇄 2015년 12월 10일

글 | 이대희
펴낸이 | 박종태
펴낸곳 | 바이블하우스
출판등록 | 2011년 2월 22일(제396-2011-000038호)

마케팅 | 강한덕·임우섭
관리 | 정문구·맹정애·강지선·김병수·김기범
주소 | 경기도 고양시 일산서구 송산로 499-10(덕이동)
전화 | 031)907-3927
팩스 | 031)905-3927

책임편집 | 두드림
일러스트 | 서재형
인쇄 및 제본 | 예림인쇄
공급처 | (주)비전북
전화 | 031)907-3927
팩스 | 031)905-3927

ISBN 978-89-97054-09-1
잘못된 책은 바꾸어 드립니다.
바이블하우스는 비전북의 임프린트 입니다.

새가족 양육은 평생을 결정하는 기초입니다

새가족은 예수를 영접하고 교회에 나오기로 마음의 결정을 한 사람들입니다. 정말 소중하고 아름다운 영혼들입니다. 막 태어난 아기와 같은 순수한 사람들입니다. 이런 점에서 이들을 위한 새가족 양육은 아주 특별하게 준비되어야 합니다. 새가족 교재 역시 그런 점에서 잘 준비되어야 합니다.

처음 교회에 나와 모든 것이 생소하고 익숙지 않습니다. 이런 새가족에게 신앙과 교회에 대해서 친절하게 안내해주고 교회에 뿌리를 내리게 하는 것이 새가족 양육입니다. 그동안 우리는 신앙에서 아주 중요한 이 시간을 너무 쉽게 시간을 보냈고, 간단하게 과정을 이수하는 정도로 생각한 예가 많았습니다. 그 결과 적응을 잘하지 못하고 교회를 떠나거나 문제 교인, 형식화된 성도를 양산했습니다. 성도들의 신앙이 더 깊은 곳으로 나아가지 못하고 주변에서 맴도는 것은 교회가 새가족 양육에 소홀했기 때문입니다.

새가족 때 배운 성경공부가 평생 간다고 생각하면 이 시간은 너무 중요합니다. 어쩌면 우리가 가장 신경 쓰고 중요하게 다루어야 할 시간입니다. 신앙의 가장 본질적이고 중요한 것을 이때 다 배우게 됩니다. 이렇게 보면 이때 어떻게 새가족 양육을 하느냐가 평생 신앙생활에 결정적 역할을 한다고 보아도 과언이 아닙니다.

새가족 양육이 간단하면서도 쉽게 재미있게, 그리고 핵심을 분명하게 잡아주고 신앙의 깊은 면까지 경험하게 한다면 얼마나 좋을까? 이것이 이 책을 집필한 목적입니다. 어떻게 하면 새가족의 눈높이에 맞추어 바르게 양육을 할 수 있을까? 평생 잊어버리지 않고 샘터와 같은 시간이 될 수 있을까?

이런 고민 속에 새가족 성경양육 교재를 펴내게 되었습니다. 각 교회와 가정과 소그룹과 각종 모임 등 다양한 곳에서 새가족 성경양육 교재가 유익하게 사용되기를 원합니다.

저자 이대희

새가족 성경양육 교재의 특징과 구성

다음 8가지 관점을 가지고 기존 새가족 교재와 다르게 교재를 구성했습니다.

1. 새가족 눈높이에서 쉽게 접근하도록 그림과 이야기를
   나누는 방식을 사용했습니다.
   지식을 전달하는 논리적인 출발보다 그림을 통해 가슴에 와닿는 이야기
   식으로 풀어서 쉽게 다가서는 방법으로 마음이 열리도록 접근했습니다.

2. 일방적으로 듣는 데서 들은 이야기와 그림에 대해 반응하고
   나의 고민과 생각을 나누는 대화식으로 구성했습니다.
   질문을 통하여 상호적인 대화가 가능하도록 했으며 부담이 안 가는 범위
   에서 질문을 제시했습니다.

3. 양육의 핵심은 세상과 인간이, 생각이 아닌 성경이 무엇이라 말하고
   있는지를 발견하도록 했습니다.
   새로운 말씀을 보는 것은 새가족에게 조금 어렵지만 신비로운 시간일 것
   입니다.

4. 신앙의 가장 기본적이고 중요한 핵심을 중심으로 과정을 구성했습니다.
   성경적인 바른 신앙이 심겨지도록 본질적인 부분을 다루었습니다. 무엇
   이든지 기초가 중요합니다. 신앙 역시 기초가 잘못되면 평생 고치기 어렵
   습니다. 언뜻 보면 간단하고 쉽게 보이지만 그렇다고 간단한 것이 아닌 평
   생을 고민해야 하는 핵심을 제시했습니다. 당장 해답을 얻지 못해도 평생
   계속 질문하고 생각해야 할 주제를 선택했습니다.

5. 로마서가 소개하는 복음이야기(죄 - 심판 - 구원 - 성령 - 생활)를 전개하는 방식을 따라서 그림, 도표, 이야기, 질문, 정리로 구성했습니다.
   일방적으로 주입하는 것이 아닌 함께 고민하고 듣고 대화하는 쌍방의 공부 방식을 잘 적용하면 서로 공감하며 즐거운 시간이 될 것입니다.

6. 필자가 제시한 이야기와 대화 방식을 따라가도록 쉽게 구성했습니다.
   중간 중간에 생각해 볼 부분에 대해서 인도자와 새가족이 함께 생각하고 충분한 대화를 나누는 시간을 가지면 생각 이상으로 놀라운 효과를 얻을 수 있습니다.

7. 효과가 검증된 성경공부 방법입니다.
   이야기 대화식으로 성경을 공부하는 이 방법(필자의 저서 《이야기 대화식 성경연구》, 《맛있는 성경공부》를 참조)은 필자가 20여년 동안 다양한 현장에서(소그룹, 교회, 구치소, 직장, 가정, 불신자, 어린이, 노인, 청년, 초신자, 목회자, 대안학교, 신학교 등) 실제로 적용한 것으로 효과가 입증되고 오랫동안 검증된 방법을 단순화시켜 새가족반에 적용한 것입니다.

8. 새가족 양육은 신앙 전체의 기초를 다지는 시간입니다.
   이것을 위해서 균형을 잡는 것은 아주 중요합니다. 그동안 새가족 양육교재 는 주로 개인과 교회 생활 중심으로 구성되었지만 이 교재는 본래 성경이 말하는 구조를 따라 하나님, 개인, 교회, 가정, 이웃, 사회, 자연과 물질까지 신앙의 영역을 통전적으로 보도록 각과를 구성했습니다.

※ 더 자세하게 알고 싶은 내용은 여기에 제시한 〈새가족 양육시리즈〉를 통하여 새가족 양육반을 계속 이어 갈 수 있습니다.

차례

이야기1

복음-
하나님이 주신
가장 기쁜 선물입니다

1. 복음이 무엇인지 아시나요?

 이렇게 기쁠 수가…

1) 일본이 라디오로 항복하는 것을 들었던 당시의 사람들(독립운동으로 옥에 갇혀 사형을 앞 둔 사람) 심정은 어떠했을까요?

2) 지금까지 인생을 살면서 이렇게 기쁜 소식을 듣고 행복했던 적이 있었습니까?

성경은 말씀합니다

²그 지역에 목자들이 밤에 밖에서 자기 양떼를 지키더니

³주의 사자가 곁에 서고 주의 영광이 그들을 두루 비추매 크게 무서워 하는지라

⁴천사가 이르되 무서워하지 말라 보라 ①내가 온 백성에게 미칠 큰 기쁨의 좋은 소식을 너희에게 전하노라

⁵오늘 다윗의 동네에 너희를 위하여 구주가 나셨으니 곧 ②그리스도 주시니라

⁶너희가 가서 강보에 싸여 구유에 뉘어 있는 아기를 보리니 이것이 너희에게 표적이니라 하더니

⁷홀연히 수많은 천군이 그 천사들과 함께 하나님을 찬송하여 이르되

⁸지극히 높은 곳에서는 하나님께 영광이요 땅에서는 하나님이 기뻐하신 사람들 중에 ③평화로다 하니라 (누가복음2:8-14)

1. 읽은 말씀 중에서 ① ② ③의 해당되는 구절을 읽고 뜻을 아는 대로 설명해 보세요.

2. 세상에서 가장 위대한 탄생은 무엇입니까? 그 이유는 무엇입니까?

 이야기 듣기

1945년 8월 15일은 한국인에게는 해방을 준 기쁜 소식이지만 일본인에게는 항복을 한 치욕의 날입니다. 정말 좋은 소식은 어느 한쪽 사람에게만 기쁜 것이 되면 안됩니다. 모두가 기쁜 것이 되어야 합니다. 모든 백성과 온세상 사람들이 모두 기뻐할 아주 큰 기쁜소식을 우리는 "복음(복된 소식)"이라고 말합니다. 이렇게 모두에게 적용되는 공평한 소식은 지금까지 아직 한번도 없었습니다. 또 앞으로도 없을 것입니다.

하지만 복음은 모든 인류에게 동일하게 선물로 주신 기쁜 소식입니다. 이것은 그리스도("구원자"라는 뜻으로 헬라어입니다)이신 예수님이 인간 세상에 오셨다는 역사적 사실입니다. 예수님이 이 땅에 오심으로 인간에게는 새로운 희망과 평화가 임했습니다. 예수님으로 인해 모든 인류가 희망을 얻었습니다. 예수님 그분이 복음입니다.

은혜 tip

이런 기쁜 소식을 전해 듣고 이렇게 교회에 나온 새가족 여러분을 진심으로 환영합니다. 복음을 받은 당신은 세상에서 가장 행복한 사람입니다. 예수님을 마음속의 주인으로 모신 여러분은 영원히 사는 축복을 받았습니다. 진심으로 축하 드립니다.

☞ 예수님은 내 평생의 기쁨과 소망이십니다.

2. 왜 인간은 이렇게 살기가 힘든가요?

사는 것이 힘든 사람들

1. 인간의 삶이 왜 이렇게 힘들다고 생각합니까?

2. 위의 내용 중 나에게 해당되는 것들은 무엇입니까?

성경은 말씀합니다

²⁸또한 그들이 마음에 하나님 두기를 싫어하매 하나님께서 그들을 그 상실한 마음 대로 내버려 두사 합당하지 못한 일을 하게 하셨으니

²⁹"곧 모든 ①불의, ②추악, ③탐욕, ④악의가 가득한 자요 ⑤시기, ⑥살인, ⑦분쟁, ⑧사기, ⑨악독이 가득한 자요 ⑩수군수군하는 자요"

³⁰⑪비방하는 자요 ⑫하나님께서 미워하시는 자요 ⑬능욕하는 자요 ⑭교만한 자요 ⑮자랑하는 자요 ⑯악을 도모하는 자요 ⑰부모를 거역하는 자요 ⑱우매한 자요 ⑲배약하는 자요 ⑳무정한 자요 무자비한 자라 (로마서 1: 28-30)

²³"모든 사람이 죄를 범하였으매 하나님의 영광에 이르지 못하더니" (로마서 3:23)

²³"죄의 삯은 사망이요" (로마서 6:23)

1. 인간의 삶이 왜 이렇게 힘들다고 생각합니까?

2. ①~⑳ 중에 나에게 해당되는 것들은 무엇입니까?

 이야기 듣기

우리가 사는 세상에 수천 년이 지나도 변하지 않는 것이 있습니다. 그것은 인간의 죄악된 모습입니다. 죄는 시대와 상관없이 동일합니다. 이렇게 인생이 수고로운 것은 인간의 죄로 인한 결과입니다. 하지만 많은 사람들은 인생살이가 왜 이렇게 어려운지 이유를 잘 모릅니다. 그것은 인간에게 있는 죄악 때문입니다.

죄는 하나님을 자기 마음에 두기를 싫어하고 하나님을 떠난 것을 말합니다. 하나님을 떠난 사람은 모든 것을 자기 주관대로 하고 싶어 합니다. 그렇게 해서 이루어진 마지막의 모습은 고난과 절망과 죽음입니다. 인간에게 있는 타락된 모습은 모두 하나님을 떠난 죄의 결과입니다. 인간의 죄는 죄가 생긴 원인을 알아야 해결할수 있습니다.

은혜 tip

인간의 죄가 생긴 원인을 아는 것만으로도 반절은 이미 해결된 것입니다. 죄는 무지로써 일어난 것들입니다. 인간은 누구나 죄인입니다. 이것을 아는 것이 곧 행복의 시작입니다. 그동안 숨겨진 진리를 깨달은 것만 해도 이제 여러분은 큰 복을 받은 사람입니다.

죄는 하나님을 떠난 것입니다. 모든 인간은 죄인입니다.

3. 죄인 된 인간이
살 수 있는 길은 없나요?

 무슨 그림인가요?

1. 통신병이 왜 죽었습니까?

_____

_____

_____

_____

_____

2. "통하여" 라는 말이 사용되는 다른 예가 있으면 말해 보십시오.

_____

_____

_____

_____

_____

 **성경은 말씀합니다**

⁶㉮우리가 아직 연약할 때에 기약대로 그리스도께서 경건하지 않은 자를 위하여 죽으셨도다

⁷의인을 위하여 죽는 자가 쉽지 않고 선인을 위하여 용감히 죽는 자가 혹 있거니와

⁸㉯우리가 아직 죄인 되었을 때에 ★그리스도께서 우리를 위하여 죽으심으로 하나님께서 우리에 대한 자기의 사랑을 확증하셨느니라

⁹그러면 이제 우리가 ★그의 피로 말미암아 의롭다 하심을 받았으니 더욱 그로 말미암아 진노하심에서 ♥구원을 받을 것이니

¹⁰㉰곧 우리가 원수 되었을 때에 그의 아들의 죽으심으로 말미암아 하나님과 화목하게 되었은즉 화목하게 된 자로서는 더욱 ★그의 살아나심으로 말미암아 구원을 받을 것이니라

¹¹그뿐 아니라 이제 우리로 화목하게 하신 ★우리 주 예수 그리스도로 말미암아 하나님 안에서 또한 즐거워하느니라 (로마서 5: 6-11)

1. 예수 그리스도는 누구를 위해 왜 죽으셨습니까?(㉮㉯㉰)

2. 예수 그리스도로 ★ 말미암아 인간은 죄에서 해방되었습니다. 이것을 본문에 나오는 구절로 답해 보십시오.(♥ 화목)

 이야기 듣기

　죄를 지은 인간이 살 수 있는 길은 오직 하나입니다. 그것은 죄인이 아닌 의인이 와서 우리의 죄를 대신 담당하는 일입니다. 누군가 대신 나를 위해 죽지 않으면 나의 죄는 여전히 남아 그 죄값으로 심판을 받게 됩니다. 양의 피로 인간을 대신할 수 없습니다. 오직 인간만이 나를 대신할 수 있습니다. 이 일을 위해 오신 분이 예수님이십니다.

　죄가 없으신 하나님이 인간의 몸을 입고 세상에 태어나셨습니다. 그것이 예수님입니다. 여자의 몸에서 나왔지만 남자 없이 성령으로 잉태되었습니다. 인간의 출생과는 전혀 다른 방법으로 태어나셨습니다. 그렇기에 그는 완전한 하나님, 완전한 인간이십니다. 우리의 죄를 해결할 자격조건이 되신 유일한 분입니다. 이런 점에서 예수님 이외에 다른 분으로는 구원을 얻을 수 없습니다.

 은혜 tip

　이런 분이 세상에 오셨다는 것을 그동안 모르셨을 것입니다. 예수님이 왜 세상에 오셨고 왜 십자가에 죽으셨는지 그 사랑을 깨닫는다면 누구도 그분을 부인할 수 없습니다. 인간의 가장 고통스러운 죄와 죽음의 문제를 해결하신 예수님을 사랑하고 그분을 나의 마음으로 받아들인다면 그것은 인생에 최고의 복이 됩니다.

예수님은 나의 평생의 기쁨과 소망이십니다.

4. 어떻게 예수님을 마음에 모실 수 있나요?

 무슨 그림인가요?

1. 결혼식에서 가장 중요한 순서는 무엇입니까?

_____

_____

_____

_____

_____

2. 결혼이 오래가지 못하고 이혼하는 이유는 무엇입니까?

_____

_____

_____

_____

_____

 **성경은 말씀합니다**

⁹네가 만일 네 **입**으로 ㉠예수를 주로 ★시인하며 또 하나님께서 그를 죽은 자 가운
데서 살리신 것을 네 **마음**에 ♥믿으면 구원을 받으리라

¹⁰사람이 **마음**으로 ♥믿어 의에 이르고 **입**으로 ★시인하여 구원에 이르느니라

¹³누구든지 ㉠주의 이름을 부르는 자는 구원을 받으리라 (로마서 10:9-10, 13)

1.예수님을 나를 죄에서 구원해주신 분임을 인격적으로 맞아들이려면 어떻게 해야 합니까?

2. 누구든지 예수님이 나를 위해 죽으신 분임을 인정하고 주인이신 예수님의 이름을 부르면
어떤 일이 생깁니까?(13)

 이야기듣기

    십자가에 죽으시고 부활하신 예수님은 지금 우리 눈에 보이지 않습니다. 하지만 그분은 지금 영으로 우리 곁에 계십니다. 성경을 통해 말씀이 들려지는 순간 예수님이 나와 함께 하심을 믿게 됩니다.

    이제 그분을 마음과 영으로 받아들인 것을 입으로 시인하고 많은 사람들 앞에서 공개적으로 고백하면 그 순간 우리 마음속에 주님이 들어오십니다. 우리의 진실함을 아신 주님이 우리 속에 들어오십니다. 우리는 이것을 예수님을 영접했다고 말합니다. 그 순간 우리는 영원히 사는 구원을 받게 됩니다. 나의 죄가 용서받고 하나님의 자녀가 됩니다. 마음으로 믿고 입으로 시인하는 간단한 행동이지만 그것은 우리가 진심으로 주님을 부른 것이기에 하나님은 그것을 인정하여 우리를 의롭다고 하십니다.

 은혜 tip

    축하합니다. 이제 나의 지은 죄가 주님의 십자가 죽음으로 청산이 되었습니다. 만약 내가 인정하지 않으면 예수님의 죽음과는 더 이상 관계가 없습니다. 하지만 진심으로 주님이 십자가에 죽으신 일이 나를 위해서라고 동의하시면 예수님은 우리 속에 들어와 영원히 함께 하십니다. 설사 죽음이 닥쳐도 죽음 이후까지 나의 생명을 지키십니다. 우리는 이것을 천국에 들어갔다고 말합니다.

    ☺ 예수님을 마음으로 모시는 순간 나는 하나님의 자녀가 되었습니다.

이야기2

나-
나를 새롭게
할 수 있다구요?

1. 예수님을 영접한
나는 어떤 사람입니까?

 나는 어떤 사람?

시기, 질투, 도적질, 욕심   사랑, 기쁨, 평화, 인내, 온유

1. 예수님을 마음에 받아들이지 않는 세상 사람들의 특징은 무엇입니까?

_____
_____
_____
_____
_____

2. 왜 사람이 예수를 믿어야 한다고 생각합니까?

_____
_____
_____
_____
_____

📖 성경은 말씀합니다

¹⁸그들의 ♥총명이 어두워지고 그들 가운데 있는 ♥무지함과 그들의 ♥마음이 굳어짐으로 말미암아 ♥하나님의 생명에서 떠나 있도다

¹⁹그들이 감각 없는 자가 되어 자신을 ♥방탕에 방임하여 모든 ♥더러운 것을 ♥욕심으로 행하되

²²너희는 유혹의 ♥욕심을 따라 ♥썩어져 가는 구습을 따르는 **옛 사람**을 벗어버리고

²³오직 너희의 ★심령이 새롭게 되어

²⁴하나님을 따라 ★의와 ★진리의 거룩함으로 지으심을 받은 **새 사람**을 입으라

(에베소서4: 18-19, 22-24)

1.옛사람(예수 믿기 이전의 사람)의 모습은 어떤 것입니까?♥

2. 새사람(예수님을 영접한 사람)은 어떤 삶을 살아야 합니까?★

 이야기듣기

　예수님을 마음에 영접하는 순간 거룩한 영이 들어오십니다. 하나님이 성령을 선물로 주십니다. 얼마나 감사한 일입니까? 예수 믿기 이전은 모든 것이 내 중심으로 살았지만 이제 예수님의 생각으로 사는 인생이 시작된 것입니다. 이것을 "중생했다" "거듭났다" "구원받았다"고 말합니다. 새롭게 태어난 것이지요. 새롭게 된 나는 이제 이전에 행하던 세상적인 생활이 아닌 하나님이 원하는 거룩한 삶을 사는 것은 너무나 당연한 일입니다.

　감각적인 일과 육신의 즐거움을 추구하면서 살았던 생활을 청산하고 진리와 거룩한 삶을 갈망하는 존재가 되었습니다. 이런 삶은 죽음 이후에도 계속되어 영원히 살게 됩니다. 생각하면 엄청난 일이 나에게 시작된 것입니다.

은혜 tip

이제 나는 누구인지 알았습니다. 동물처럼 먹고 마시면서 자기의 즐거움만 좇는 생활에서 인간의 본래의 모습을 되찾는 새로운 삶이 시작된 것입니다. 자기를 아는 순간 인생은 달라집니다. 보는 것과 생각하는 것이 달라지고 살아가는 모습도 달라집니다. 인생의 참된 가치를 발견하는 것보다 행복한 일이 없습니다. 이것은 오직 복음(예수 그리스도)을 통해 얻게 됩니다. 정말 축하드립니다.

**👁 나의 인생 BC와 AD는 예수님을 통해 이루어집니다.
예수님을 만나는 순간 이전 것은 지났고 새것이 되었습니다.**

2. 그리스도인이란 누구입니까?

 ## 너 자신을 알라

1. 소크라테스와 제자의 대화를 통해 느낀 점은 무엇입니까?

2. 철학은 인간이 누구인지 계속 질문하는 것입니다. 답이 나오면 그 순간 철학은 끝납니다.
   그렇다면 사람들이 철학을 공부하는 이유는 무엇입니까?

 **성경은 말씀합니다**

¹⁴무릇 ♥하나님의 영으로 인도함을 받는 사람은 곧 ♥하나님의 아들이라

¹⁵너희는 다시 ㉠무서워하는 종의 영을 받지 아니하고 ㉡양자의 영을 받았으므로 우리가 아빠 아버지라고 부르짖느니라

¹⁶성령이 친히 우리의 영과 더불어 우리가 ♥하나님의 자녀인 것을 증언하시나니

¹⁷자녀이면 또한 상속자 곧 ♥하나님의 상속자요 ♥그리스도와 함께 한 상속자니 우리가 그와 함께 영광을 받기 위하여 고난도 함께 받아야 할 것이니라 (로마서 8:14-17)

1. 예수를 믿는 사람을 곧 그리스도인이라 말합니다. 예수와 그리스도는 같은 의미입니다. 그리스도인을 다른 별칭으로 정리해 보십시오. (♥표시된 것을 찾아보세요.14-17)

2. 에수님을 믿으면 하나님을 아버시라고 부르는 것이 편해집니다. 그리고 계속 부르고 싶습니다. 마치 아이들이 "아빠"라고 부르는 것처럼. 그것은 우리 안에 성령이 계시다는 증거입니다. 하나님의 아들된 그리스도인은 어떻게 살아야 합니까?

 이야기듣기

예수를 믿으면 우리 안에 성령님이 들어와 계십니다. 이제부터 우리 생각과 마음을 성령님이 주관하십니다. 나는 혼자가 아닌 나와 동행하는 성령님이 계십니다. 내 안에 계신 성령님은 나의 종이 아닌 나의 주인이십니다. 나는 성령님의 음성에 순종하며 살아야 합니다. 이것이 제대로 살아가는 방식입니다.

그리스도인은 하나님의 자녀입니다. 그리고 하나님의 상속자입니다. 우리는 세상에서 위대한 사람입니다. 이미 신분상으로 위대한 사람이 되었습니다. 복음을 받아들인 이상 우리는 더 이상의 실패는 없습니다. 다만 이것을 잘 알지 못하고 여전히 세상사람처럼 살아가면 어리석은 실패만 있을 뿐입니다.

 은혜tip

여러분, 어떻게 인생을 사시렵니까? 하나님의 상속자처럼 살 것인가요? 아니면 세상의 보통 사람들처럼 살아갈 것인가요? 예수님을 잘 믿는 방법은 내가 누구인지 잘 아는 데 있습니다. 이제부터 하나님의 자녀답게 당당하게 살아가십시오. 설사 고난이 온다 해도 그것은 영광을 위한 과정입니다. 나는 이미 천국을 선물로 얻었습니다. 그 선물을 받았다면 당신은 세상에서 어떤 어려움도 이길 수 있습니다.

나는 세상에서 가장 위대한 존재입니다. 왜냐구요?
나는 하나님의 아들이요, 하나님의 상속자이기 때문입니다.

3. 예수를 믿어도 인생이 힘든 이유는 무엇입니까?

 너무 많은 바이러스

1. 위의 그림에서 느낀 점은 무엇인가요?

_____

_____

_____

_____

_____

2. 몸에 있는 바이러스를 이기는 길은 무엇입니까?

_____

_____

_____

_____

_____

 성경은 말씀합니다

¹⁵내가 행하는 것을 ♥내가 알지 못하노니 곧 내가 원하는 것은 행하지 아니하고 도리어 미워하는 것을 행함이라

¹⁶만일 내가 원하지 아니하는 그것을 행하면 내가 이로써 율법이 선한 것을 시인하노니

¹⁷이제는 그것을 행하는 자가 내가 아니요 **내 속에 거하는 죄**니라

¹⁸내 속 곧 내 육신에 ♥선한 것이 거하지 아니하는 줄을 아노니 원함은 내게 있으나 선을 행하는 것은 없노라

²¹그러므로 내가 한 법을 깨달았노니 곧 선♥을 행하기 원하는 나에게 악이 함께 있는 것이로다 (로마서 7:15-21)

1. 예수를 믿어 우리 속에 성령님이 들어오셔도 우리는 여전히 육신의 지배를 받고 살아갈 때가 있습니다. 내가 원하지 않는 나쁜 일을 자꾸 행하는 이유는 무엇입니까? (15-18)

2. 예수 믿는 사람 속에는 선과 악이 어떻게 존재합니까? (21)

 이야기 듣기

예수를 믿는다고 세상의 모든 문제가 당장 해결되는 것은 아닙니다. 영혼은 구원 받지만 아직 육신을 갖고 있기에 육신적인 지배를 받는 것은 계속됩니다. 영혼이 중생해도 육신은 아직 죄의 지배를 받는 상태입니다. 그러다 보니 예수를 믿어도 여전히 죄를 짓게 됩니다. 하지만 성령을 따라 적극적으로 살면 육신의 욕심을 이루지 않게 됩니다. 우리 안에는 선과 악이 함께 공존하고 있습니다. 이때 선에 대한 욕구가 강하면 악을 이길 수 있지만 선이 약하면 악에 지배를 받게 됩니다.

예수를 믿으면 악을 이길 수 있는 능력이 우리 속에 존재합니다. 하지만 예수 믿지 않는 옛 사람은 그런 능력이 없기에 자기 힘으로 해보려고 합니다만 그것은 실패하고 맙니다. 오히려 노력하면 노력할수록 더 죄악에 사로잡히게 됩니다.

🚀 은혜 tip

얼마나 감사한 일입니까? 예수를 믿으면 우리 속에 성령이 거하십니다. 우리를 완전히 새롭게 하는 능력이 우리 안에 있습니다. 문제는 얼마나 주님을 인정하고 말씀에 순종하느냐에 따라 나의 삶은 이전과 180도 달라지는 인생을 살 수 있습니다. 내 안에 계신 주님의 말씀을 통해 알아가는 시간을 가지면 나를 도와주시는 성령의 능력을 느끼게 될 것입니다.

☞ **100% 순종은 곧 100% 능력을 낳습니다.**
얼마나 자기를 비우고 주님을 인정하느냐가
신앙생활의 성공비결입니다.

이야기3

교회-
예수님이 세우신
공동체와 함께 해요

1. 교회란 무엇입니까?

 많은 종교들과 다른 점

1. 위의 그림을 보고 나름대로 이야기를 만들어 보세요.

_____

_____

_____

_____

2. 각 종교들은 왜 크고 화려한 건물을 짓는 데 치중한다고 생각합니까?

_____

_____

_____

_____

 **성경은 말씀합니다**

¹⁹그러므로 이제부터 너희는 외인도 아니요 나그네도 아니요 오직 ㉠성도들과
㉡ 동일한 시민이요 ㉢하나님의 권속이라

²⁰㉣너희는 사도들과 선지자들의 터 위에 세우심을 입은 자라 ★그리스도 예수께
서 친히 모퉁이돌이 되셨느니라

²¹그의 안에서 건물마다 ♥서로 연결하여 주 안에서 성전이 되어 가고

²²너희도 성령 안에서 ♥하나님이 거하실 처소가 되기 위하여 ♥그리스도 예수 안에
서 함께 지어져 가느니라 (에베소서 2:19-22)

1. ㉠㉡㉢㉣ 은 모두 교회를 지칭하는 구절입니다. 이것을 통해 교회란 무엇인지 말해
   보십시오.

2. 교회의 주인은 누구입니까? 교회를 자라게 하는 터전은 무엇이며, 성도들은 서로 어떤 사이
   입니까?(★♥의 내용을 참조)

이야기 듣기

　예수를 믿는 사람은 이제 하나님의 가족입니다. 그렇다면 당연히 하나님의 가족 모임에 참여를 해야 합니다. 아버지를 인정하는 가족들이 모인 곳이 교회입니다. 교회는 건물이 아닙니다. 교회는 구원 받은 성도들의 모임입니다.

　교회는 일정한 장소에 매이지 않고 이동합니다. 물론 예배를 드리고 성도 간에 교제하고 말씀을 배울 수 있는 공간으로서 예배당은 필요합니다. 하지만 그 건물은 교회가 아닙니다. 예배당에 모인 성도 각 사람이 교회입니다. 성도들이 건물처럼 모여 연결하여 한 공동체를 이루어 성령 안에서 함께 자라가는 것이 진정한 교회입니다.

은혜 tip

　이렇게 하나님의 가족으로서 교회 공동체에 오신 것을 환영합니다. 이제 우리는 그리스도 안에서 한 몸입니다. 서로 지체가 되었습니다. 주인이신 예수님을 더 알아가고 그분께 순종하며 살아간다면 성령의 능력을 경험하는 놀라운 삶이 될 것입니다. 그러므로 교회에는 높고 낮음이 없습니다. 우리는 모두 자녀이고 아버지는 예수님이십니다. 오직 예수그리스도 그분만이 높여져야 합니다.

**⛪ 교회는 교회의 주인이신 예수님을 닮아가는 것이 목표입니다.
그런 교회 모임이 가장 좋은 위대한 교회입니다.**

2. 교회가 하는 일은 무엇입니까?
(예배 · 교육 · 교제 · 봉사 · 전도)

 다양한 모임들

동호회

학교

동창회

1) 이런 모임들은 왜 사람들이 모인다고 생각합니까?

_____

_____

_____

_____

_____

2) 이런 세상 모임은 누가 주도하고 조직합니까? 문제점은 무엇입니까?

_____

_____

_____

_____

 **성경은 말씀합니다**

⁴²그들이 사도의 ★가르침을 받아 서로 ★교제하고 떡을 떼며 오로지 ★기도하기를 힘쓰니라

⁴⁴♥믿는 사람이 다 함께 있어 모든 물건을 서로 ★통용하고

⁴⁵또 재산과 소유를 팔아 각 사람의 필요를 따라 나눠 주며

⁴⁶♥날마다 마음을 같이하여 ♥성전에 모이기를 힘쓰고 ♥집에서 ★떡을 떼며 기쁨과 순전한 마음으로 음식을 먹고

⁴⁷하나님을 ★찬미하며 또 온 백성에게 ★칭송을 받으니 ★주께서 구원 받는 사람을 날마다 더하게 하시니라 (사도행전 2:42, 44-47)

1. ★의 구절은 믿음의 사람들인 교회가 하는 일의 내용입니다. 어떤 것인지 정리해 보십시오.

2. 세상에서 가장 위대한 탄생은 무엇입니까? 그 이유는 무엇입니까?(♥의 구절을 통해)

 이야기듣기

　교회가 하는 일은 크게 다섯가지입니다. 즉 예배·교육·교제·봉사·전도입니다.

　예배는 교회의 주인이신 하나님을 경배하고 사랑하는 것입니다. 예배 속에는 찬양·말씀·기도. 설교·성찬·헌금 등의 순서가 있습니다. 교육은 말씀을 가르치고 배우면서 신앙이 자라게 하는 것입니다. 교제는 몸된 성도들이 교제하는 다양한 모임입니다. 봉사는 교회 안에 성도들을 섬기는 일과 세상을 섬기는 일입니다.

　전도는 세상에 복음을 전하는 일입니다. 예배·교육·교제·봉사는 내부적인 일이고, 봉사와 전도는 외부적인 일에 해당됩니다. 이것들은 어느 한 부분만 치중하는 것이 아닌 모든 성도들이 균형있게 해야 합니다. 이런 일을 통하여 그리스도의 몸인 교회와 우리 자신이 온전히 자라갑니다. 이것은 특별한 사람만 하는 것이 아닌 모든 교회공동체 구성원이 당연히 참여해야 하는 일입니다.

 은혜tip

　이것은 모든 성도가 하나님의 나라에 갈 때까지 지속해야 합니다. 모든 일은 그리스도를 닮는 것과 관련이 있습니다. 이것은 인간의 욕심을 이루는 것이 아닌 주님의 장성한 분량에 이르는 데 목표가 있습니다. 모두가 하나님의 영광을 위하여 하는 일입니다. 이런 일을 통하여 주님의 이름이 세상에 전파될 것입니다. 주님은 이런 일을 통하여 구원 받는 자들을 많게 하실 것입니다.

교회의 일은 오직 주님의 이름을 높이는 것입니다.
그 일에 모두가 참여할 때 그리스도와 우리가
하나됨을 경험하게 됩니다.

3. 교회는 어떻게 움직입니까?

🔖 몸의 지체들

1) 사람의 몸을 움직이려면 무엇이 먼저 움직여야 합니까?

_____

_____

_____

_____

2) 왜 사람의 작은 지체가 아프면 다른 지체와 온몸이 아픈지 그 이유를 말해 보십시오.

_____

_____

_____

_____

성경은 말씀합니다

³내게 주신 은혜로 말미암아 너희 각 사람에게 말하노니 마땅히 생각할 그 이상의 생각을 품지 말고 ♥오직 하나님께서 각 사람에게 나누어 주신 ♥믿음의 분량대로 지혜롭게 생각하라

⁴우리가 한 몸에 많은 지체를 가졌으나 모든 지체가 ♥같은 기능을 가진 것이 아니니

⁵이와 같이 우리 많은 사람이 그리스도 안에서 ♥한 몸이 되어 서로 지체가 되었느니라

⁶우리에게 주신 은혜대로 받은 **은사**가 각각 다르니 혹 ㉠예언이면 믿음의 분수대로,

⁷혹 ㉡섬기는 일이면 섬기는 일로, 혹 ㉢가르치는 자면 가르치는 일로,

⁸혹 ㉣위로하는 자면 위로하는 일로, ㉤구제하는 자는 성실함으로, ㉥다스리는 자는 부지런함으로, ㉦긍휼을 베푸는 자는 즐거움으로 할 것이니라

(로마서 12:3-8)

1. ♥의 구절은 은사에 대한 내용입니다. 구체적으로 은사는 무엇인지 말해 보십시오.

2. 교회의 몸을 세우기 위해 하나님이 주신 은사는 어떤 것들이 있습니까?(㉠㉡㉢㉣㉤㉥㉦)

📢))) 이야기듣기

　교회는 사람의 몸처럼 생명입니다. 각자 다른 기능을 가졌지만 그것은 한 몸에 붙어있는 살아 있는 유기적인 구조입니다. 몸의 지체 중에 어느 하나가 아프면 같이 아프고 즐거워 하면 같이 즐거워 합니다. 교회도 이와 같은 공동체입니다. 한번 관계를 맺으면 영원한 가족입니다. 교회는 한 몸과 같이 다양한 은사(달란트)를 주어서 서로 섬기게 합니다. 자신만을 위하지 않고 온몸 전체를 위해 섬기고 자기의 강점을 사용합니다. 교회의 다양한 은사는 수직계급이 아닙니다. 모두가 그리스도 안에서 평등합니다. 세포와 혈액처럼 서로 하나로 연결되어 있습니다. 세상에 이런 조직은 없습니다. 그래서 교회는 세상에서 가장 최고의 모임입니다.

　자기의 유익을 구하는 것이 아닌 서로의 유익을 구하고 더 나아가 주님의 영광을 구하는 영원한 모임입니다. 서로 경쟁하는 것이 아닌 서로 돕고 사랑하는 살아 있는 조직입니다. 어느 한 사람으로 운영되거나 움직이지 않고 몸 전체가 움직이는 신비의 공동체입니다.

 은혜 tip

지상 최고의 공동체인 교회에 한 몸 된 것을 축하드립니다. 예수님을 주인으로 모시는 교회는 모든 인류를 하나 되게 하는 목적을 가지고 있습니다. 이런 위대한 일에 함께한 여러분은 자긍심을 갖고 살아야 합니다. 세상 끝날까지 하나님이 함께하실 것입니다. 이런 점에서 나와 교회는 세상의 희망이 될 수 있습니다. 자신이 은사를 발견해서 교회와 세상을 섬긴다면 이보다 행복한 일은 없을 것입니다.

　🌱 **주님을 주인으로 섬기는 교회는 살아 있는 영원한 공동체입니다.**
　주님과 함께 죽은 자는 주님과 함께 영원히 살 것입니다.

4. 신앙생활을 어떻게 해야 합니까?

두아이의 모습

1) 두 개의 그림을 보면서 느낀 점은 무엇입니까?

_____

_____

_____

_____

2) 처음 예수 믿고 교회에 나온 사람은 어떤 상태와 같습니까? 가장 필요한 것은 무엇이라고 생각합니까?

_____

_____

_____

_____

 **성경은 말씀합니다**

[6]그러므로 너희가 그리스도 예수를 **주로 받았으니** ①그 안에서 행하되

[7] ②그 안에 뿌리를 박으며 ③세움을 받아 교훈을 받은 대로 ④믿음에 굳게 서서 ⑤ 감사함을 넘치게 하라

[8]누가 철학과 **헛된 속임수**로 너희를 사로잡을까 ♥ 주의하라 이것은 ♥사람의 전통 과 ♥ 세상의 초등학문을 따름이요 그리스도를 따름이 아니니라 (골로새서 2:6-8)

1. 예수를 주님으로 마음에 영접했다면 그 다음부터는 어떻게 살아야 합니까?(①~⑤)

2. 신앙 생활을 하다 보면 헛된 속임수가 우리를 미혹하게 합니다. 예를 들어 어떤 것들을 주의 해야 합니까? ♥의 구절을 통해 말해 보십시오.

이야기듣기

　예수님을 믿으면 새로운 생활이 시작된 것입니다. 하지만 세상에는 여전히 악한 것들이 많아 우리를 유혹합니다. 예수를 믿었지만 자칫하면 그들의 미혹에 넘어가 교회를 나오지 않고 신앙을 떠날 수 있습니다. 자기 생각대로 되지 않는다고 생각하면 이런 현상이 생깁니다. 그것은 예수님을 마음에 받아들였지만 그분이 누구인지 아직 자세한 내용을 모르기 때문입니다.

　주님 안에 거하고 주님 안에서 행하며 뿌리를 깊게 박으려면 말씀을 배우고 기도를 통해 주님과 지속적인 교제를 가져야 합니다. 믿음이 생기면 감사함이 생기고 보는 시각이 달라져 어떤 유혹에도 이길 수 있습니다. 하지만 예수님을 잘 알지 못하면 전통과 주변의 보이는 것으로 인해 시험에 들게 됩니다.

은혜tip

예수 안에 들어왔으면 이제 주님 안에 나의 뿌리를 깊게 박고 거기서 세움을 입어야 합니다. 가만히 있으면 세상으로 다시 돌아갈 수 있습니다. 하지만 주 안에 거하면 착한 열매를 맺게 됩니다. 주님 안에 뿌리를 깊게 박고 세움을 입으면 예수님의 형상을 회복할 수 있습니다. 처음 창조되었던 하나님이 보시기에 좋은 아름다운 모습으로 만들어집니다. 그런 날을 꿈꾸며 신앙의 행진을 지속하는 것이 중요합니다. 이런 일을 이루기 위해서 교회가 꼭 필요합니다. 막 태어난 어린아이가 부모와 형제의 도움을 받듯이 교회의 도움을 받아야 합니다.

　🐚 **신앙은 혼자 자라지 않습니다. 함께 연결되어 있기에 교회공동체 속에서 서로 도움을 받아 뿌리를 내리며 성장하게 됩니다.**

5. 그리스도인은 세상에서 어떻게 살아야 합니까?

 나무와 열매

1) 나무에 뿌리가 있고 살아 있는 나무인지 알아보려면 무엇을 보면 알 수 있습니까?

_____

_____

_____

_____

2) 나무가 좋은 열매를 맺는 비결은 무엇입니까?

_____

_____

_____

_____

성경은 말씀합니다

이 복음이 이미 너희에게 이르매 너희가 듣고 참으로 하나님의 은혜를 깨달은 날

부터 너희 중에서와 같이 또한 ♥온 천하에서도 열매를 맺어 자라는도다 (골로새서

1:6)

⁹사랑에는 거짓이 없나니 ♥악을 미워하고 선에 속하라

¹⁰형제를 ①사랑하여 ♥서로 ②우애하고 ③존경하기를 ♥서로 먼저 하며

¹¹④부지런하여 게으르지 말고 열심을 품고 주를 섬기라

¹²소망 중에 ⑤즐거워하며 환난 중에 ⑥참으며 ⑦기도에 항상 힘쓰며

¹³성도들의 쓸 것을 ⑧공급하며 ⑨손 대접하기를 힘쓰라

¹⁴너희를 박해하는 자를 ⑩축복하라 축복하고 저주하지 말라

¹⁵즐거워하는 자들과 ♥함께 ⑪즐거워하고 우는 자들과 ♥함께 ⑫울라

¹⁶♥서로 마음을 ⑬같이하며 높은 데 마음을 두지 말고 도리어 ⑭낮은 데 처하며 스

스로 지혜 있는 체 하지 말라 (로마서 12:9-16)

1. 말씀을 통해 하나님의 은혜를 받으면 선을 추구하게 됩니다. 그러면서 점점 성령이 열매를
   맺게 됩니다. 이것은 이웃이 서로 하나라는 생각에서 출발이 됩니다. 예를 들어 보면 무엇입
   니까? ♥ 표시를 찾아서 정리해 보십시오.

2. 구체적으로 어떻게 삶의 열매가 맺게 되는지 그 모습을 열거해 보십시오. (①-⑭까지 내용)

 이야기듣기

　사람이 예수님을 만나서 예수님과 하나 되어 교회공동체에 속하여 은혜를 받으면, 이제 우리는 남이 아닌 그리스도안에서 한 몸입니다. 이것은 교회 안에 있는 성도들 뿐 아니라 이웃과 사회에 속한 이웃들에게도 이런 생각을 하게 됩니다.

　질서를 지키게 되고 , 이웃을 배려하고, 상대방을 먼저 배려하며 축복을 빌어주는 사람이 됩니다. 상대방을 존경하게 되고 스스로 낮추는 겸손함으로 사람과 관계가 좋게 됩니다. 이것은 예수님과 함께 함으로 변화된 모습입니다. 상대방과 같이 행복하고 즐거워 하는 그런 사람이 됩니다. 이것은 내 힘으로는 안되고 주님 안에 거하면서 자연스럽게 이루어지는 기적입니다.

 은혜tip

우선 교회 안에서부터 선을 행하는 훈련을 하면 좋을 것입니다. 가까운 사람에게서 실천하면 그것을 통해 우리는 그리스도 안에서 하나라는 생각을 하게 될 것입니다. 그리고 그것이 어느 정도 이루어지면 전혀 다른 사람을 위해, 때로는 나를 박해하는 원수들에게도 선을 행하게 되면 그것을 통해 내가 주님의 제자인 것이 세상에서 증명될 것입니다. 물론 이것은 내 힘으로 되는 것이 아닙니다. 가지가 열매를 맺지만 나무에 붙어 있을 때라는 전제 조건을 기억해야 합니다. 가지인 우리가 나무인 주님과 얼마나 붙어 있고 친밀하느냐에 따라 열매가 결정됩니다.

　진정으로 주님을 믿고 그분과 하나되면 우리의 삶에는
당연히 선한 열매가 나타납니다. 좋은 나무는 열매를 보면 알 수 있듯이
좋은 신앙인은 열매를 통해서 알게 됩니다.

이야기4

신앙-
예수님을 닮으면
삶이 행복해요

1. 꼭 알아야 할 신앙의 핵심은 무엇입니까?

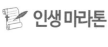 인생 마라톤

1) 달리기 선수에게 마음의 상태가 왜 중요하다고 생각합니까?

2) 인생은 달리기와 같습니다. 나는 지금 어떤 마음으로 인생을 경주하고 있습니까?

성경은 말씀합니다

목표 : 예수님을 신앙의 목표로 삼아라

¹⁴"푯대를 향하여 그리스도 예수 안에서 하나님이 3)위에서 부르신 부름의 상을 위하여 달려가노라" (빌립보서 4:14)

사랑 : 하나님과 이웃을 사랑하라

²⁹예수께서 대답하시되 첫째는 이것이니 이스라엘아 들으라 주 곧 우리 하나님은 유일한 주시라

³⁰네 마음을 다하고 목숨을 다하고 뜻을 다하고 힘을 다하여 주 너의 하나님을 사랑하라 하신 것이요

³¹둘째는 이것이니 네 이웃을 네 자신과 같이 사랑하라 하신 것이라 이보다 더 큰 계명이 없느니라 (마가복음 12:29-31)

순종 : 자기를 죽이고 성령님께 순종하라

¹⁶너희 자신을 종으로 내주어 누구에게 순종하든지 그 순종함을 받는 자의 종이 되는 줄을 너희가 알지 못하느냐 혹은 죄의 종으로 사망에 이르고 혹은 순종의 종으로 의에 이르느니라 (로마서 6:16)

1. 그리스도인이 된 후부터는 삶의 목표와 살아가는 이유가 다릅니다. 그것이 무엇입니까?

2. 신앙의 목표를 이루기 위해서 내가 해야 할 한 가지 일은 무엇입니까?

 이야기 듣기

신앙생활이 승리하려면 목표를 분명히 알고 그것을 끝까지 견지해야 합니다. 믿음 생활의 목표는 예수님입니다. 예수님을 인격적으로 닮고 예수님이 행하신 그 길을 따라 살아가는 것입니다. 교회에 나오는 것은 오직 예수님을 위해서입니다. 자신의 유익을 위해서가 아닌 하나님의 영광을 위해서입니다. 예수님을 위해서 사는 것은 곧 사랑하는 것입니다. 하나님을 사랑하고 이웃을 내 몸처럼 사랑하는 그 것에 모든 것이 다 들어 있습니다. 이것을 위해서 해야 할 일은 내가 죽는 일입니다. 말씀을 통해서 발견된 하나님의 뜻에 자신을 순종하는 일입니다. 이렇게 하면 나를 통해 하나님의 뜻이 이루어집니다. 날마다 내가 죽는 일을 통해 하나님의 일이 나타납니다.

 은혜 tip

한마디로 신앙생활은 자기를 죽이는 일입니다. 내 안에 주님(성령님)이 계십니다. 나의 삶은 주님을 드러내는 일입니다. 그것을 위해서는 자신을 죽이고 순종하는 일입니다. 물론 쉽지 않은 일입니다. 그렇지만 그것을 통해 자신을 비우고 성령님이 나를 주장하면 나에게는 평안과 기쁨이 선물로 주어집니다. 모든 문제는 내가 죽지 않아서 생기는 일입니다. 나는 날마다 죽노라고 고백하며 산다면 그보다 아름다운 일은 없을 것입니다.

🕊 **내가 죽고 내 안에 예수로 사는 것이 신앙의 핵심입니다.**
내가 얼마나 죽느냐에 따라 주님이 나를 주장하게 될 것입니다.

2. 꼭 실천해야 할 신앙의 기본기는 무엇입니까?

 독수리 두 날개

1) 새들 중에 왕자는 독수리입니다. 독수리는 가장 높이 날아오르는 특징을 가지고 있습니다. 하지만 강한 독수리가 되기 위해서 필요한 것은 무엇입니까? 위 그림을 보고 설명해 보세요.

_____

_____

_____

_____

2) 강한 독수리의 두 날개를 만들기 위해서는 새끼를 어떻게 훈련시켜야 할지 생각해 보세요.

_____

_____

_____

_____

성경은 말씀합니다

거룩한 존재입니다

오직 너희를 부르신 거룩한 이처럼 너희도 모든 행실에 거룩한 자가 되라 기록되었으되 내가 거룩하니 너희도 거룩할지어다 하셨느니라 (베드로전서 1:15-16)

말씀으로 거룩을 이루라

"그들을 진리로 거룩하게 하옵소서 아버지의 말씀은 진리니이다" (요한복음 17:17)

기도로 거룩을 이루라

"하나님의 말씀과 기도로 거룩하여짐이라" (디모데전서 4:5)

1. 그리스도인은 세상과 구별된 거룩한 존재입니다. 주님이 거룩한 것처럼 그의 자녀인 우리도 거룩해야 합니다. 거룩한 사람이 되기 위해서 필요한 두 가지 훈련내용은 무엇입니까?

2. 왜 말씀과 기도로 거룩함을 이루는 훈련을 해야 하는지 이야기해 보십시오.

그리스도인은 하나님이 택하신 거룩한 제사장과 같은 존재입니다. 우리는 세상을 하나님께 인도하고 구원해야 할 책임과 사명이 있습니다. 그것을 위해서 주님은 우리를 구원해주셨고 거룩하게 하셨습니다. 나를 향한 하나님의 꿈은 이처럼 위대합니다. 지금까지는 나의 꿈을 이루는 삶을 살았다면 이제부터는 하나님의 위대한 꿈을 이루는 사람입니다. 이것은 결심으로만 되는 것이 아닙니다.

내가 주님을 닮은 거룩한 사람이 되기 위해서 하나님이 주신 말씀으로 훈련해야 합니다. 말씀은 하나님이 나에게 말씀하신 것입니다. 기도는 내가 주님에게 말하는 것입니다. 이런 시간을 통해 나 자신의 부족함을 깨닫고 자신을 죽이는 것이 기도의 핵심입니다. 말씀과 기도로 나를 거룩함에 이르는 훈련을 한다면 나도 성경에 나오는 인물처럼 주님의 도구가 될 수 있습니다.

 은혜 tip

무엇이든지 노력과 희생 없이 되지 않습니다. 나의 불순물을 벗겨내려면 많은 시간과 노력이 필요합니다. 말씀과 기도의 용광로를 통해 나를 제련하면 나중에는 정금과 같은 아름다운 내가 탄생될 것입니다. 교회를 통해 세운 교회 지도자들에게 가르침을 받고 그들에게 순종함으로 하나님의 거룩한 자녀가 되는 비전을 갖는다면 새로운 인생이 펼쳐지게 될 것입니다. 예배만 드리고 교회 마당만 밟는 신자가 되면 안됩니다. 시간과 열정과 마음을 드려 말씀과 기도로 훈련하는 진실된 신자가 되는 것이 중요합니다. 내가 받은 구원의 가치를 알았다면 이것은 어려운 일이 아닙니다.

☞ 하나님은 성경으로 인간에게 말씀하시고
사람은 기도로 하나님과 대화를 합니다.
말씀과 기도는 하나님과 만나는 귀중한 통로입니다.

3. 꼭 배워야 할 신앙의 기본기는 무엇입니까?

 축구와 기본기

1) 좋은 축구선수가 되기 위해서는 어떤 기본기가 필요할까요?

_____

_____

_____

_____

_____

2) 모든 일에 기본기가 왜 중요할까요? 창의력이 기본기에서 나오는 이유는 무엇입니까?

_____

_____

_____

_____

_____

성경은 말씀합니다

십계명 (출애굽기 20:1-17)

▶ 하나님에 대한 계명

① 하나님 이외의 다른 신들을 섬기지 말라.

② 너를 위하여 우상을 만들지 말라.

③ 하나님의 이름을 망령되게 부르지 말라.

④ 안식일을 거룩히 지키라.

▶ 이웃에 대한 계명

⑤ 너희 부모를 공경하라.

⑥ 살인하지 말라.

⑦ 간음하지 말라.

⑧ 도둑질하지 말라.

⑨ 이웃에게 불리한 거짓증언을 하지 말라.

⑩ 네 이웃의 집을 탐내지 말라.

주기도문(마태복음 6:9-13)

▶ 하나님에 대한 부분

하늘에 계신 우리 아버지여 이름이 거룩히 여김을 받으시오며

나라가 임하시오며 뜻이 하늘에서 이루어진 것 같이 땅에서도 이루어지이다.

▶ 인간에 대한 부분

오늘 우리에게 일용할 양식을 주시옵고

우리가 우리에게 죄 지은 자를 사하여 준 것 같이

우리 죄를 사하여 주시옵고

우리를 시험에 들게 하지 마시옵고 다만 악에서 구하시옵소서.

나라와 권세와 영광이 아버지께 영원히 있사옵나이다. 아멘.

사도신경 (초대교회 사도들이 신앙고백한 내용. 참고: 마태복음 16:16)

▶성부 하나님

나는 전능하신 하나님 아버지, 천지의 창조주를 믿습니다.

▶성자 하나님

나는 그분의 독생자 우리 주 예수 그리스도를 믿으오니,

그분은 성령님으로 잉태하여 동정녀 마리아에게 나셨고,

본디오 빌라도 치하에서 고난당하시고,

십자가에 달리시고 죽으시고 장사되시고, 음부에 내려가셨으며,

사흘 만에 죽은 자들로부터 부활하셨고, 하늘에 오르시어,

전능하신 하나님 아버지의 우편에 앉아 계시는데,

그리로부터 산 자들과 죽은 자들을 심판하러 오실 것입니다.

▶성령 하나님

나는 성령님을 믿습니다.

▶교회와 종말

나는 거룩한 공교회와 성도의 교제와

사죄와

육의 부활과

영생을 믿습니다. 아멘.

1. 십계명은 하나님의 성품과 생각을 담은 열 가지 하나님의 법입니다. 하나님은 영이시기에 우리 눈에 보이지 않습니다. 그래서 하나님은 십계명을 통해 자신을 우리에게 보이신 것입니다. 십계명은 크게 두 가지로 구성되었는데 그것은 무엇입니까? 그리고 십계명의 핵심은 무엇입니까?

2. 주기도문은 예수님이 가르쳐주신 기도문입니다. 기도의 모델입니다. 이것은 우리가 하나님께 어떻게 기도해야 하는지를 보여주는 것으로 이런 방법으로 기도하면 됩니다. 그냥 급할 때 기도하는 기도문이나 다른 종교의 기도와 다른 점은 무엇이라고 봅니까?

3. 사도신경은 사도들이 신앙을 고백한 것입니다. 하나님에 대한 우리의 신앙을 입으로 고백하는 것으로 하나님(삼위일체 하나님: 하나님 예수님 성령님)에 대한 속성이 잘 나타나 있습니다. 이것 역시 우리의 신앙고백의 모델입니다. 나는 하나님에 대해 어떤 고백을 할 수 있습니까?

 **이야기듣기**

십계명은 성경의 핵심 내용을 10개로 요약한 것입니다. 이것을 이루신 분이 예수님이십니다. 이것을 통해 우리는 하나님이 누구신지 잘 알 수 있고 무엇을 우리에게 원하는지 하나님의 생각을 알 수 있습니다. 인간을 사랑하시는 하나님을 느낄 수 있습니다. 더 자세한 것은 성경을 살펴보면 됩니다. 주기도문은 주님이 제자들에게 가르쳐준 기도문으로 우리가 하나님께 어떻게 기도해야 하는지를 알려주는 기도의 모델입니다. 찬양-죄의 고백- 감사- 간구 등 순서로 기도하면 됩니다, 사도신경은 하나님에 대한 나의 고백이며 교회의 고백을 보여주고 있습니다

하나님이 누구시며 내가 그분을 어떻게 고백하느냐는 신앙의 중요한 뼈대로 이것은 성경 전체를 요약한 내용입니다. 잘못된 이단들은 사도신경의 내용을 인정하지 않습니다.

이 세 가지를 도움 삼아 신앙의 기본기를 다지면 신앙이 흔들리지 않고 성장하는데 도움이 될 것입니다.

 **은혜 tip**

신앙에도 기본기가 중요합니다. 기본을 잘 세우지 않으면 성장이 잘 안되고 신앙이 잘못된 방향으로 나갈 수 있습니다. 신앙이 흔들리고 시험 드는 사람은 신앙의 기초가 잘 정리 안되었기 때문입니다. 조금 시간이 걸리더라도 신앙 기본기를 잘 배우고 터전을 다지면 즐거운 신앙생활이 될 수 있고 교회생활도 잘 적응하게 됩니다. 처음에 교회에서 좋은 가르침을 받는다는 것은 큰 축복입니다. 평생 신앙생활 해야 한다는 점을 생각하면 기초를 다지는 것은 아주 중요한 일입니다.

🙂 **성경을 통한 좋은 기초는 평생신앙을 좌우합니다.**
기초 없이 신앙생활 하는 것은 위험하고 자칫 예배만 참석하는
형식적인 종교인이 될 수 있습니다.

이야기5

세상-
아름다운 천국을 만들어요

1. 그리스도인은 가정과 이웃과의 관계는 어떻게 해야 하나요?

 기초가 흔들리면…

1) 가정이 파괴되는 일이 점점 많아지고 있습니다(예: 이혼, 가출, 불화) 그 이유는 무엇입니까?

_____

_____

_____

_____

2) 사람들이 이웃을 사랑하지 못하고 오히려 거짓말과 도적질과 싸움과 살인을 하며 피해를 주는 이유는 무엇입니까?

_____

_____

_____

_____

성경은 말씀합니다

가정에 대해서

¹자녀들아 주 안에서 너희 ♥부모에게 순종하라 이것이 옳으니라

²♥네 아버지와 어머니를 공경하라 이것은 약속이 있는 첫 계명이니

³이로써 네가 잘되고 땅에서 장수하리라 또 아비들아 ★너희 자녀를 노엽게 하지 말고 오직 ★주의 교훈과 훈계로 양육하라 (에베소서6:1-3)

이웃에 대해서

⁸피차 사랑의 빚 외에는 아무에게든지 아무 빚도 지지 말라 ♥남을 사랑하는 자는 율법을 다 이루었느니라

⁹간음하지 말라, 살인하지 말라, 도둑질하지 말라, 탐내지 말라 한 것과 그 외에 ♥ 다른 계명이 있을지라도 네 이웃을 네 자신과 같이 사랑하라 하신 그 말씀 가운데 다 들었느니라

¹⁰♥사랑은 이웃에게 악을 행하지 아니하나니 ♥그러므로 사랑은 율법의 완성이니 라 (로마서 13:8-10)

1. 가정에서 부모와 자녀관계는 어떻게 해야 합니까?

2. 이웃을 사랑하면 무엇을 이룬 것이 됩니까? 어떻게 하는 것이 이웃을 사랑하는 것입니까?

 이야기듣기

　그리스도인은 하나님의 자녀입니다. 하나님의 나라를 이루기 위해 힘쓰는 사람입니다. 가정은 모든 사회의 기초입니다. 가정이 무너지면 사회도 무너집니다. 가정과 이웃과 관계를 잘하는 것이 곧 하나님과 관계가 좋은 사람입니다. 이 둘은 분리될 수 없는 동전의 양면과 같습니다.

　하나님을 사랑하는 사람은 부모에게 효도해야 합니다. 자녀를 말씀으로 잘 양육해야 합니다.

　이웃을 내 몸처럼 사랑하고 악을 행하지 말아야 합니다. 그것이 하나님을 사랑하는 길입니다.

　신앙은 교회에서만 아니라 가정과 이웃과 직장 관계에서도 좋은 관계를 맺어야 합니다. 세상과 다른 모습으로 하나님께 받은 사랑을 그들에게 베풀어야 합니다. 하나님과의 관계는 이웃과의 관계에서 검증되어야 그것이 좋은 그리스도인입니다.

 은혜tip

하나님과 인간은 분리될 수 없습니다. 신앙은 하나님과 인간을 사랑하는 것입니다. 물론 인간을 사랑한다는 것은 하나님을 사랑하는 것만큼 어렵습니다. 그래서 생각처럼 쉽지 않습니다. 그러나 하나님의 사랑을 받은 그리스도인은 그 사랑으로 인간을 사랑할 수 있습니다. 이것을 실천하는 것이 진정한 그리스도인입니다.

"누구든지 하나님을 사랑하노라 하고 그 형제를 미워하면 이는 거짓말하는 자니 보는바 그 형제를 사랑하지 아니하는 자는 보지 못하는바 하나님을 사랑할 수 없느니라" (요한일서 4:20)

🙂 하나님을 사랑하는 자는
인간을 사랑하는 것은 너무나 당연한 일입니다.
자기만 사랑하는 것은 아직 하나님을
사랑하지 않는다는 증거입니다.

2. 그리스도인은 세상권세와 원수를 어떻게 대해야 하나요?

 나는 신이다

1) 사람은 물질과 권력 등의 힘을 갖다 보면 누구나 어떤 착각을 하기 쉽습니까?

_____

_____

_____

_____

_____

2) 이 세상을 조물주인 하나님이 다스리고 있음을 무엇을 통해 알 수 있습니까?

_____

_____

_____

_____

_____

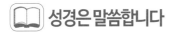 **성경은 말씀합니다**

세상의 권세에 대해서

1 각 사람은 위에 있는 **권세**들에게 복종하라 **권세**는 하나님으로부터 나지 않음이

없나니 ★모든 권세는 다 하나님께서 정하신 바라

2 그러므로 **권세**를 거스르는 자는 하나님의 명을 거스름이니 거스르는 자들은 심

판을 자취하리라

3 다스리는 자들은 선한 일에 대하여 두려움이 되지 않고 악한 일에 대하여 되나니 네

가 **권세**를 두려워하지 아니하려느냐 선을 행하라 그리하면 그에게 칭찬을 받으리라

4 ★그는 하나님의 사역자가 되어 네게 선을 베푸는 자니라 (로마서 13:1- 4)

원수에 대해서

17 아무에게도 악을 악으로 갚지 말고 모든 사람 앞에서 선한 일을 도모하라

18 할 수 있거든 너희로서는 ♥ 모든 사람과 더불어 화목하라

19 내 사랑하는 자들아 ♥너희가 친히 원수를 갚지 말고 하나님의 진노하심에 맡기라

기록되었으되 원수 갚는 것이 내게 있으니 내가 갚으리라고 주께서 말씀하시니라

20 네 **원수**가 주리거든 먹이고 목마르거든 마시게 하라 그리함으로 네가 숯불을 그

머리에 쌓아 놓으리라

21 ♥ **악**에게 지지 말고 **선**으로 악을 이기라 (로마서 12: 17–21)

1. 세상의 권세는 누가 주신 것입니까? 권력을 가진 자는 자신이 어떤 존재인지를 알아 어떻게
   힘을 사용해야 합니까? (★의 구절 내용)

2. 나에게 악한 일을 하는 원수에 대해서 우리는 어떤 관계를 가져야 합니까? 특히 그리스도인은 핍박하는 원수에 대해서 어떻게 대해야 합니까?(♥의 구절 내용)

 이야기 듣기

　이 세상은 인간이 통치를 하는 것 같지만 사실은 하나님이 세상을 다스리고 통치하십니다. 역사적으로 큰 제국들을 통치하는 지도자들이 있었습니다. 바벨론 · 페르시아 · 애굽 · 헬라 · 로마 등 고대제국의 왕들은 대단한 권력을 가졌습니다. 하지만 그런 권력은 모두 하나님으로부터 온 것입니다. 이것을 알지 못하는 권력자들은 나중에 하나님의 심판을 받았음을 역사가 증명하고 있습니다. 그들은 하나님의 사역자들입니다. 그들이 잘못할 때는 하나님이 징계를 합니다. 원수도 마찬가지입니다. 우리가 나서서 그것을 처리하면 안됩니다. 모두가 하나님의 소관이므로 하나님께 맡기고 우리는 악을 행하면 안됩니다.

 은혜 tip

　그리스도인은 어떤 경우에도 선을 행하고 원수에게도 사랑을 베풀어야 합니다. 이것을 알고 하나님께 맡기는 사람들이 그리스도인입니다. 세상 권세를 하나님의 입장에서 바라보고 순종하고 반대를 해야 합니다. 세상의 통치자는 하나님이십니다. 그러므로 우리는 모든 것을 아버지에게 맡기고 하나님이 하시도록 순종하고 복종하는 것이 필요합니다. 물론 악을 행하자 할 때는 악을 행하면 안됩니다. 그렇지만 폭력적인 악한 방법을 사용하면 안됩니다.

　☙ 세상을 하나님의 시각으로 바라보면 우리가 무엇을 해야 할지 판단이 됩니다. 하나님을 넘어서는 교만함이 생기지 않도록 조심해야 합니다. 세상의 모든 권력과 힘은 모두 하나님으로부터 온 것입니다.

3. 그리스도인은 자연과 물질을 어떻게 해야 하나요?

중독에 빠지는 사람들

1) 사람보다 동물과 자연을 더 사랑하고 빠지는 사람의 문제점은 무엇입니까?

2) 돈을 우상으로 삼거나 물질 만능주의에 사로잡히면 어떻게 됩니까?

성경은 말씀합니다

자연과 동물에 대해서

하나님이 그들에게 복을 주시며 하나님이 그들에게 이르시되 생육하고 번성하여 땅에 충만하라, ♥땅을 정복하라, 바다의 물고기와 하늘의 새와 땅에 움직이는 ♥모든 생물을 다스리라 하시니라

²⁹하나님이 이르시되 내가 온 지면의 씨 맺는 모든 채소와 씨 가진 열매 맺는 모든 나무를 너희에게 주노니 ♥너희의 먹을 거리가 되리라 (창세기 1: 29-30)

물질에 대해서

하나님께서 지으신 ★모든 것이 선하매 ★감사함으로 받으면 버릴 것이 없나니 (디모데전서 4:4)

⁷우리가 세상에 아무것도 가지고 온 것이 없으매 또한 아무것도 가지고 가지 못하리니

⁸★우리가 먹을 것과 입을 것이 있은즉 족한 줄로 알 것이니라

⁹부하려 하는 자들은 시험과 올무와 여러 가지 어리석고 해로운 욕심에 떨어지나니 곧 사람으로 파멸과 멸망에 빠지게 하는 것이라

¹⁰★ 돈을 사랑함이 일만 악의 뿌리가 되나니 이것을 ★탐내는 자들은 미혹을 받아 믿음에서 떠나 많은 근심으로써 자기를 찔렀도다 (디모데전서 6:7-10)

1. 그리스도인은 세상에 있는 자연과 동물과 물질을 어떤 마음으로 대해야 합니까?

2. 인간은 하나님보다 세상의 것(자연 · 물질)을 사랑하기 쉽습니다. 그 이유는 무엇입니까?

📣))) 이야기 듣기

  그리스도인은 세상을 관리하는 하나님의 대사입니다. 하나님의 대리자가 되어 자연과 동물과 물질을 관리하고 바르게 다스리는 책임이 인간에게 있습니다. 이 세상은 하나님의 나라입니다. 우리는 하나님의 아들로서 그의 나라를 하나님의 뜻에 잘 맞게 관리하고 다스리는 것은 당연한 일입니다. 이 일을 하나님이 인간에게 맡겼습니다. 세상에 있는 자연과 동물은 하나님이 우리에게 맡긴 것입니다.

  그것은 탐욕하거나 사랑하라고 주신 것이 아닌 관리하고 다스리는 청지기적인 의

무가 있습니다. 인간이 사랑해야 할 대상은 하나님과 인간밖에 없습니다. 다른 것은 다스리고 관리하고 정복해야 하는 것들입니다. 사랑하면 그것에 빠져 인간의 가치와 위대성을 잃을 수 있습니다. 자연과 동물과 돈에 지배를 당하면 그것 또한 죄를 짓는 일입니다.

은혜 tip

아름다운 이 세상은 하나님이 창조하여 우리 인간에게 주신 것입니다. 모두 우리에게 맡긴 것입니다. 그런데 인간은 이것을 가지고 욕심을 부리고 싸움을 하며 이웃에게 피해를 줍니다. 물질은 본래 우리 것이 아닙니다. 그런데 인간은 자기 것으로 착각하며 물질을 최고로 삼고 있습니다. 자족하는 마음을 가지면서 단순하게 사는 것이 최고의 삶입니다. 하나님을 최고로 삼고 오직 주님을 사랑하는 일에 집중하는 것이 행복한 삶의 모습입니다.

"먼저 그의 나라와 의를 구하라 그리하면 이 모든 것을 더하시리라" (마태복음 6:33)

🕊 모든 것은 하나님이 선물로 주신 것입니다.
자족할 수만 있다면 물질과 자연은 우리에게 큰 유익을 줍니다.
그렇지 않고 탐욕을 부리면 스스로 멸망하게 합니다.

4. 그리스도인은 인생의 어려운 문제를 만날 때 어떻게 해결해야 하나요?

 ## 살아가는 것이 힘들어요

1) 왜 세상은 이토록 힘든 사람들이 많은지 그 이유를 말해 보십시오.

_____

_____

_____

_____

_____

2) 만나는 사람들 대부분이 "사는 것이 힘들다"고 합니다. 잘사는 것 같이 보여도 막상 안에 들어가면 그 사람도 남모르는 고통이 있습니다. 이것을 통해 느끼는 인생의 교훈은 무엇 입니까?

_____

_____

_____

_____

새가족 성경양육 · 70

성경은 말씀합니다

내가 죄악 중에서 출생하였음이여 어머니가 죄 중에서 나를 잉태하였나이다 (시편 51:6)

고난 당한 것이 내게 유익이라 이로 말미암아 내가 주의 율례들을 배우게 되었나이다 (시편 119:71)

생각하건대 현재의 고난은 장차 우리에게 나타날 영광과 비교할 수 없도다 (로마서 8:18)

우리가 알거니와 하나님을 사랑하는 자 곧 그의 뜻대로 부르심을 입은 자들에게는 모든 것이 합력하여 선을 이루느니라 (로마서 8:28)

내 형제들아 너희가 여러 가지 시험을 당하거든 온전히 기쁘게 여기라 이는 너희 믿음의 시련이 인내를 만들어 내는 줄 너희가 앎이라 인내를 온전히 이루라 이는 너희로 온전하고 구비하여 조금도 부족함이 없게 하려 함이라 (야고보서 1:2-4)

★형통한 날에는 기뻐하고 ★곤고한 날에는 되돌아 보아라 이 **두 가지**를 하나님이 병행하게 하사 사람이 그의 장래 일을 능히 헤아려 알지 못하게 하셨느니라 (전도서 7:14)

1 사람은 누구나 죄인으로 태어납니다. 죄의 값으로 오는 많은 고난은 인간의 삶에 필연적입니다. 예수를 잘 믿어도 닥치는 고난과 어려움은 피할 수 없습니다. 그리스도인은 고난에 대해서 어떻게 이해해야 하나요?

2. 살아가면서 계속 닥치는 인생의 어려움과 고난을 이기는 비결은 무엇입니까?

🔊))) 이야기 듣기

그리스도인은 천국을 소유한 사람입니다. 하지만 이 세상에서는 힘든 삶이 계속됩니다. 인간의 죄된 육신을 가진 한 고난을 피할 수 없습니다. 한가지 방법이 있다면 육신으로는 이길 수 없지만 영으로는 이길 수 있습니다. 마음과 영혼이 강해지면 어떤 육신의 고난도 이길 수 있습니다.

고난을 무서워하지 말고 믿음으로 당당하게 맞서서 나가야 합니다. 하나님이 하시는 일은 아무도 측량할 수 없습니다. 미리 포기하는 것은 교만입니다. 하나님이 나를 포기하지 않는 한 내가 먼저 포기하면 안됩니다. 이것을 이기기 위해서 주님이 우리를 위해 죽으셨습니다. 예수를 믿으면 고난이 사라지는 것이 아니라 고난이 더 심하게 닥쳐와도 그것을 이길 수 있는 힘을 얻게 됩니다.

 은혜tip

인생 살아가는 것이 힘든가요? 사실 사람들은 모두 고난을 안고 살아갑니다. 그것이 인간입니다. 고난과 아픔이 있지만 그것을 통해 하나님을 알아간다면 이보다 감사한 일은 없습니다. 고난 속에서 더욱 더 하나님을 친밀하게 경험하고 하나님을 의지하는 믿음을 가졌다면 그 고난은 나에게 축복입니다.

"너희 안에서 착한 일을 시작하신 이가 그리스도 예수의 날까지 이루실 줄을 우리는 확신하노라" (빌립보서 1:6)

👁 **고난은 나를 죽여서 그리스도가 내 안에 살게 하는 하나님의 방식입니다.**
어려울수록 인간을 의지하지 말고 하나님을 의지하는 법을 배운다면
그것이 진정한 승리자의 모습입니다.